Dr. Bringfried Müller
Valentin Vrecko

Psychologie Band 4

MEDI-LEARN Skriptenreihe

6., komplett überarbeitete Auflage

MEDI-LEARN Verlag GbR

Autoren: Dr. med. Dipl.-Psych. Bringfried Müller, Dipl.-Psych. Valentin Vrecko

Teil 4 des Psychologiepaketes, nur im Paket erhältlich
ISBN-13: 978-3-95658-007-9

Herausgeber:
MEDI-LEARN Verlag GbR
Dorfstraße 57, 24107 Ottendorf
Tel. 0431 78025-0, Fax 0431 78025-262
E-Mail redaktion@medi-learn.de
www.medi-learn.de

Verlagsredaktion:
Dr. Marlies Weier, Dipl.-Oek./Medizin (FH) Désirée Weber, Denise Drdacky, Jens Plasger, Sabine Behnsch, Philipp Dahm, Christine Marx, Florian Pyschny, Christian Weier

Layout und Satz:
Fritz Ramcke, Kristina Junghans, Christian Gottschalk

Grafiken:
Dr. Günter Körtner, Irina Kart, Alexander Dospil, Christine Marx

Illustration:
Daniel Lüdeling

Druck:
A.C. Ehlers Medienproduktion GmbH

6. Auflage 2014
© 2014 MEDI-LEARN Verlag GbR, Marburg

Das vorliegende Werk ist in all seinen Teilen urheberrechtlich geschützt. Alle Rechte sind vorbehalten, insbesondere das Recht der Übersetzung, des Vortrags, der Reproduktion, der Vervielfältigung auf fotomechanischen oder anderen Wegen und Speicherung in elektronischen Medien.
Ungeachtet der Sorgfalt, die auf die Erstellung von Texten und Abbildungen verwendet wurde, können weder Verlag noch Autor oder Herausgeber für mögliche Fehler und deren Folgen eine juristische Verantwortung oder irgendeine Haftung übernehmen.

Wichtiger Hinweis für alle Leser
Die Medizin ist als Naturwissenschaft ständigen Veränderungen und Neuerungen unterworfen. Sowohl die Forschung als auch klinische Erfahrungen führen dazu, dass der Wissensstand ständig erweitert wird. Dies gilt insbesondere für medikamentöse Therapie und andere Behandlungen. Alle Dosierungen oder Applikationen in diesem Buch unterliegen diesen Veränderungen.
Obwohl das MEDI-LEARN Team größte Sorgfalt in Bezug auf die Angabe von Dosierungen oder Applikationen hat walten lassen, kann es hierfür keine Gewähr übernehmen. Jeder Leser ist angehalten, durch genaue Lektüre der Beipackzettel oder Rücksprache mit einem Spezialisten zu überprüfen, ob die Dosierung oder die Applikationsdauer oder -menge zutrifft. Jede Dosierung oder Applikation erfolgt auf eigene Gefahr des Benutzers. Sollten Fehler auffallen, bitten wir dringend darum, uns darüber in Kenntnis zu setzen.

Vorwort

**Vokabelheft
Medizinische Psychologie/Soziologie**

In Medizinischer Psychologie und Soziologie können viele Fragen in Kenntnis der Terminologie beantwortet werden. In diesem MEDI-LEARN-Vokabelheft sind die für die Beantwortung der Fragen notwendigen Vokabeln und Begriffe alphabetisch zusammengestellt.
In der linken Spalte sind wichtige Begriffe und in den letzten zehn Jahren geprüfte Vokabeln abgedruckt.
In der rechten Spalte findet sich jeweils das vom IMPP hierzu geforderte Wissen.
Die „→" weisen auf Synonyme oder eng benachbarte Begriffe hin.

Eine ausführliche Darstellung der Begriffe und deren Theorien findet sich in den MEDI-LEARN-Skripten Psychologie 1–3.
Das Abdecken der rechten Spalte ermöglicht kurz vor der Prüfung eine nochmalige effektive Kurzwiederholung, ähnlich einem Vokabeltraining bei einer Fremdsprache.

Mein herzlicher Dank für die hilfreiche Zusammenarbeit gilt meinem Kollegen Dipl.-Psych. Valentin Vrecko!

Wissen, das in keinem Lehrplan steht:

- Wo beantrage ich eine **Gratis-Mitgliedschaft** für den **MEDI-LEARN Club** – inkl. Lernhilfen und Examensservice?

- Wo bestelle ich kostenlos **Famulatur-Länderinfos** und das **MEDI-LEARN Biochemie-Poster**?

- Wann macht eine **Studienfinanzierung** Sinn? Wo gibt es ein **gebührenfreies Girokonto**?

- Warum brauche ich schon während des Studiums eine **Arzt-Haftpflichtversicherung**?

Lassen Sie sich beraten!
Nähere Informationen und unseren Repräsentanten vor Ort finden Sie im Internet unter
www.aerzte-finanz.de

Standesgemäße Finanz- und Wirtschaftsberatung

Abhängige Variable – Änderungssensitivität

Begriff	Erklärung
Abhängige Variable	→ Variable, unabhängige vs. abhängige
Absolute Risikoreduktion (durch eine Behandlung)	Anteil der Erkrankten mit Behandlung abzüglich des Anteils der Erkrankten ohne Behandlung (Differenz = Exponierte-Nichtexponierte)
ADHS	Aufmerksamkeits-Defizit/Hyperaktivitäts-Syndrom
Aggravation	Unbewusste Verschlimmerung von Symptomen
Aggregatdaten	Für eine Gruppe zusammengefasste Daten (z. B. Mittelwerte), werden in s. g. ökologischen Studien (→ Studien) verwendet.
Agnosie	Unfähigkeit, Dinge zu erkennen
Agoraphobie	Angst davor, in Menschenmengen und auf öffentlichen Plätzen zu sein
Akkulturation	Einleben von Migranten in einem neuen Land: − Integration: eigene Kultur behalten und neue Kultur annehmen − Segregation: eigene Kultur behalten und neue Kultur ablehnen (= Separation) − Assimilation: eigene Kultur ablehnen, neue Kultur annehmen − Marginalisation: eigene Kultur ablehnen, neue Kultur ablehnen
Akteur-Beobachterverzerrung	= Attributionsfehler, fundamentaler
Allostase	Sollwertverschiebung: Durch anhaltenden Stress erhöht sich der Sollwert für den Blutdruck.
Altenquotient	Verhältnis der ökonomisch abhängigen Älteren zur erwerbsfähigen Bevölkerung, Verhältnis Rentner zu Erwerbstätigen
Altersabhängigkeitsquotient	→ Altenquotient
Altersbelastungskoeffizient	→ Altenquotient
Ambivalenz	Widersprüchlichkeit
Ambivalenz-Konflikt, Appetenz-Aversions-Konflikt	Konflikt zwischen gewollten und ungewollten Dingen: Man will das Examen bestehen, muss danach aber in den ungewollten Berufsalltag.
Amnesie, anterograd	Gedächtnisverlust nach einem Ereignis: Man kann sich nach einem Unfall nicht mehr so gut neue Inhalte merken.
Amnesie, retrograd	Gedächtnisverlust vor einem Ereignis: Patient erinnert sich weder an die Zeit unmittelbar vor dem Unfall noch an den Unfall selbst.
Amygdala	Hirnstruktur, beteiligt an der Bewertung und Konditionierung emotionaler Prozesse
Analer Charakter	Zwanghaftigkeit, Ordnungsliebe, Machtstreben, Festhalten an rigiden Einstellungen, Reinlichkeit, Kampf um Unabhängigkeit und Pünktlichkeit
Anamnese	Patientenbefragung (Überbegriff für → Eigen- und Fremdanamnese, → Krankheitsanamnese, → Familienanamnese, → Sozialanamnese, → Katamnese)
Änderungssensitivität	Empfindlichkeit eines diagnostischen Verfahrens gegenüber Merkmalsänderungen.

Anforderungs-Kontroll-Modell (Karasek) – Attribution

Begriff	Erklärung
Anforderungs-Kontroll-Modell (Karasek)	Subjektive Arbeitsbelastung, hängt ab von den Anforderungen und der Kontrolle. Hohe Belastungen ohne einen eigenen Entscheidungsspielraum führen häufiger zu Krankheiten (z. B. Herzinfarkten).
Angebotsinduzierte Nachfrage	Die Nachfrage nach medizinischen Leistungen hängt vom Angebot ab. Je mehr radiologische Praxen es in einer Region gibt, desto häufiger finden radiologische Untersuchungen in dieser Region statt.
Aphasie, Broca	Motorische Sprachstörung, vorwiegend Störungen der Sprachproduktion
Aphasie, Wernicke	Sensorische Sprachstörung: stark gestörtes Sprachverständnis, reichliche Sprachproduktion, Paraphasien
Broca-Aphasie	→ Aphasie, Broca (motorische Sprachstörung)
Wernicke-Aphasie	→ Aphasie, Wernicke (sensorische Sparchstörung)
Appetenz-Appetenz-Konflikt	Konflikt zwischen zwei gewollten Dingen: Schokoladen- oder Vanille-Eis?
Appetenz-Aversions-Konflikt	→ Ambivalenz-Konflikt
Apraxie	Unfähigkeit, eine bestimmte Handlung auszuführen
Äquivalenzprinzip	Die Beitragshöhe bei der privaten Krankenversicherung hängt ab vom persönlichen Krankheitsrisiko und den gewünschten Leistungen.
Ärztekammer	Körperschaften Öffentlichen Rechts mit folgenden Zuständigkeiten für die berufliche Selbstverwaltung: – Erlass einer Berufsordnung für Ärzte – Aufsicht über die Einhaltung der Berufspflichten – Einleitung von Sanktionsmaßnahmen bei Verstößen gegen das Berufsrecht – Regelung der Fort- und Weiterbildung durch eine Weiterbildungsordnung (Wichtig: NICHT der Ausbildung zum Arzt!)
Arztrolle (Parsons)	Umfasst folgende Aspekte: – affektive Neutralität = Behandlung ohne persönliche Gefühle – funktionale Spezifität = Arzt soll sein Handeln auf ärztliche Leistung beschränken – Universalismus = Hilfe soll jedem gleichermaßen zuteilwerden – Kollektivitätsorientierung/Altruismus = Arzt soll uneigennützig sein
Assoziation, freie	Methode der tiefenpsychologisch fundierten Psychotherapie, in der der Patient aufgefordert wird, seinen Gedanken freien Lauf zu lassen und alles zu erzählen, was ihm zu einem bestimmten Stichwort einfällt. Die freie Assoziation ist ein Weg zum Unterbewusstsein.
Attributables Risiko	= Absolute Risikoreduktion
Attribution	Ursachenzuschreibung, → Attributionsdimensionen

Attributionsdimensionen – Beurteilungsfehler

Begriff	Erklärung
Attributionsdimensionen	Attribution = Ursachenzuschreibung – Internal vs. external: Wo liegt die Ursache? (innerhalb der Person selbst oder außerhalb) – Stabil vs. labil: Wird es immer wieder passieren oder war es eine einmalige Ausnahme? – Spezifisch vs. global: Betrifft es einzelne oder alle Lebensbereiche?
Attributionsfehler, fundamentaler	Handelnder und Beobachter attribuieren unterschiedlich: Eigenes Fehlverhalten wird durch äußere Gegebenheiten erklärt, fremdes Fehlverhalten wird in der der Persönlichkeit des anderen begründet gesehen.
Ausweichende Gesprächsstrategien	Werden von Ärzten bei heiklen Patientenfragen gezeigt und umfassen folgende Strategien: Adressatenwechsel, Beziehungskommentare, Mitteilung funktioneller Unsicherheit, Themenwechsel
Authentizität	Echtheit (Merkmal nondirektiver Gesprächsführung nach Carl Rogers)
Autoritativer Erziehungsstil	→ Erziehungsstile
Aversions-Aversions-Konflikt	Konflikt zwischen zwei ungewollten Dingen: Zahnarzt oder Zahnschmerzen?
Balint-Gruppe	Regelmäßige Zusammenkunft von Ärzten zur Besprechung schwieriger Arzt-Patient-Interaktionen. Balint-Gruppen sind Interessengruppen, sie haben ein gemeinsames Ziel.
Basisemotionen	→ Emotionen, primär vs. sekundär
Bedürfnispyramide nach Maslow	Das nächsthöhere Motiv wird angestrebt, wenn das darunterliegende Motiv befriedigt ist. Die Motive können in folgender Hierarchie angeordnet werden (von unten nach oben): 1. physiologische Motive 2. Sicherheit 3. Zuwendung 4. Anerkennung 5. Selbstverwirklichung (höchstes Motiv) Theorie gilt als widerlegt.
Bestrafung	→ Verstärkung vs. Bestrafung
Beurteilungsfehler	– Kontrasteffekt = nach einer sehr guten Leistung wird eine mittlere Leistung schlechter beurteilt – Haloeffekt = ein hervorstechendes Merkmal beeinflusst die gesamte Beurteilung – Effekt der zentralen Tendenz = mittlere Beurteilungen – Primacyeffekt = Effekt des ersten Eindrucks – Recencyeffekt = Effekt des letzten Eindrucks – Projektion = eigene Eigenschaften werden der anderen Personen unterstellt

Beveridge-Modell – Deduktion

Begriff	Erklärung
Beveridge-Modell	Nationaler Gesundheitsdienst, der mit zweckgebundenen Steuereinnahmen finanziert wird.
Big Five	Fünf-Faktoren-Modell der Persönlichkeit: Verträglichkeit, Offenheit, Gewissenhaftigkeit, Extraversion, Labil/Stabil (= Neurotizismus). Merkhilfe: VOGEL
Bildung	Bildung ist als eine den Lebensstil prägende Variable eng mit gesundheitsrelevanten Verhaltensweisen verknüpft. Je höher die Bildung, desto höher ist die Lebenserwartung.
Bindungsverhalten	Kann im Fremde-Situations-Test untersucht werden; es zeigen sich folgende Verhaltensweisen beim Kind: – Sicher gebundene Kinder zeigen beim Verlassen der Mutter Kummer, lassen sich bei Wiederkehr der Mutter schnell trösten. – Unsicher ambivalent gebundene Kinder zeigen bei Rückkehr der Mutter wenig Emotionen und suchen nicht ihre Nähe. – Unsicher vermeidend gebundene Kinder zeigen bei Rückkehr der Mutter keine Emotionen.
Biofeedback	Physiologische Zustände werden dem Patienten sichtbar gemacht, sodass er diese beeinflussen kann (Hauttemperaturänderungen werden auf einem Bildschirm durch Farbveränderungen sichtbar gemacht).
Biologische Emotionen	→ Emotionen, primär vs. sekundär
Bismarck-Modell	Gesundheitssystem in Deutschland: Die Höhe der Beiträge zur Krankenversicherung orientiert sich am Bruttoarbeitseinkommen.
Chaining	Verkettung einzelner Verhaltensschritte zu einer komplexen Verhaltenskette
Cohens d	Effektstärke-Maß: Der Effekt einer Intervention berechnet sich als Differenz der Mittelwerte (i. d. R. von Kontroll- und Experimentalgruppe), geteilt durch die Standardabweichung. Kommt zum Einsatz bei Meta-Analysen (→ Meta-Analyse).
Compliance	Mitarbeit und Kooperation im therapeutischen Prozess
Contingent Negative Variation	Langsame elektrische Negativierung des Kortex, beobachtbar im EEG beim Contingent Negative Variation Paradigma (es soll nach einem Alarmreiz auf einen imperativen Reiz reagiert werden)
Cronbachs Alpha	→ Interne Konsistenz (Maß für Reliabilität)
Daten	– Primär: Vom Untersucher selbst erhoben – Sekundär: bereits vorhandene Daten – Individualdaten: Daten einzelner Personen – Aggregatdaten: zusammengefasste Daten (z. B. Mittelwerte)
Deduktion	Schluss von einer Gesetzmäßigkeit auf erwartete Beobachtungen

Demografische Transformation – Dopamin

Begriff	Erklärung
Demografische Transformation	Wandel der Altersstruktur einer Gesellschaft, führt zu einer demografischen Alterung in erster Linie durch eine abnehmende Fertilität (Fruchtbarkeit). Vollzieht sich in fünf Phasen: 1. Prätransformative Phase: hohe Geburten und hohe Sterbeziffer 2. Frühtransformative Phase: sinkende Sterbeziffer bei hoher Geburtenziffer 3. Transformative Phase: Sinkende Sterbeziffer, sinkende Geburtenziffer 4. Spättransformative Phase: niedrige Sterbeziffer, sinkende Geburtenziffer 5. Posttransformative Phase: niedrige Geburten- und Sterbeziffern
Depression	Beeinträchtigtes bis stark gemindertes Selbstwertgefühl, Energielosigkeit und Mattigkeit, schlechtes Einschlafen, frühes Aufwachen, Grübeln. Frauen sind häufiger betroffen.
Deprivation, Reizdeprivation	Reizarme Umgebung
Deprivation, relative	Gemessen an der Arbeitsbelastung (relativ) zu geringes Einkommen (Deprivation = beraubt)
Deprivation, strukturelle	Deprivation (lat.: deprivare = berauben) Wenn z. B. die Wohngegend um Infrastruktur (wie Kindergärten, Schule, Ärzte) beraubt wurde, spricht man von struktureller Deprivation.
Devianz (= Abweichung), sekundäre	Negative Bewertung der Umwelt verstärkt abweichendes Verhalten.
diagnosis related group	→ Fallpauschale
Diathese-Stress-Modell (= Vulnerabilitäts-Stress-Modell)	Die Schädigung durch Stress hängt ab von der Intensität des Stressors und der dispositionellen Vulnerabilität (Verletzlichkeit).
Dichotome Fragen	Es werden genau zwei Antwortalternativen vorgegeben (→ Frageformen).
Direkteffektthese	→ Stress-Puffer-Modell
Direktive Gesprächsführung	→ Gesprächsführung, direktiv vs. non-direktiv
Disease-Management-Programme	leitlinienorientierte Behandlungskonzepte für chronisch Kranke.
Disengagementtheorie des Alterns	Soziologische Theorie, die davon ausgeht, dass Menschen im Ruhestand nach Entspannung, Ruhe und Genießen streben.
Dispositioneller Optimismus	Feste Persönlichkeit, schützt vor Krankheiten.
Dissimulation	Wenn Patienten vorsätzlich Krankheitssymptome verbergen oder verheimlichen, um Gesundheit vorzutäuschen (Gegenteil → Simulation)
Dissonanz, kognitive	Entsteht u. a. wenn Verhalten und Einstellungen nicht übereinstimmen (häufig bei Rauchern). Häufiger werden dann die Einstellungen als das Verhalten geändert. Beispiel: Rauchen reduziert Stress, Stress macht auch krank, also ist Rauchen gar nicht so ungesund.
Dopamin	Wichtigstes biochemisches Agens im Verstärkungssystem, löst Wohlbefinden aus.

Dopaminerges System – Ergebnisqualität

Begriff	Erklärung
Dopaminerges System	Neurotransmittersystem, welches bei Stimulation angenehme Empfindungen auslöst. Steht in Zusammenhang mit Suchtentwicklung.
Doppelblindstudie	Weder die Versuchsperson noch der Versuchsleiter weiß, wer in der Experimentalgruppe mit echtem Medikament und wer in der Kontrollgruppe mit Placebo behandelt wird. Dient der Kontrolle des → Hawthorne-Effekts und des → Rosenthaleffekts.
Drift-Hypothese	Chronische (psychische) Krankheiten führen zu einem sozialen Abstieg.
DSM-IV	Diagnosesystem mit fünf Achsen (multiaxiales System) zur Diagnosefindung (ähnlich → ICD-10)
EEG	Potenzialschwankungen auf der Kopfhaut werden u. a. zur Beobachtung von Aufmerksamkeitsänderungen eingesetzt; hat eine hohe zeitliche Auflösung.
EEG-Wellen	– Beta: 24 Hz gespannte Aufmerksamkeit – Alpha: 12 Hz entspannter Wachzustand – Theta: 6 Hz Einschlafstadium – Delta: 3 Hz Tiefschlaf
Effektstärke	→ Cohens d, → Meta-Analyse
Effizienz (= Kosten-Nutzen-Effizienz)	Nutzen in Relation zum Mitteleinsatz
Eigenanamnese	Patient berichtet selbst über seine Beschwerden.
Einkommensdisparität	Einkommensungleichheit
Emotionen, primär vs. sekundär	– Primäre/biologische Emotionen/Basisemotionen: Zeigen über alle Kulturen hinweg und auch bei Blinden ein typisches mimisches Ausdrucksverhalten: Freude, Furcht, Trauer, Wut, Ekel. – Sekundäre Emotionen: Weisen im Gegensatz zu primären Emotionen kein spezifisches mimisches Muster auf; sozial erlernt.
Emotionstheorie, peripherialistische Theorie (James & Lange)	Interpretation des eigenen Verhaltens führt zur Emotion. Beispiel: Ich laufe weg, also muss ich wohl Angst haben.
Empathie	Mitgefühl (Merkmal non-direktiver Gesprächsführung, → Gesprächsführung, patientenzentrierte non-direktive)
Empowerment	Das Bemühen, Patienten zum Selbstmanagement zu befähigen, wichtig für das Modell der informierten Entscheidungsfindung (→ Entscheidungsfindung, ärztliche)
Entscheidungsfindung, ärztliche	– Partizipativ: Patient wird eng in den Entscheidungsprozess eingebunden (→ shared decision making) – Paternalistisch („väterlich"): Arzt trifft die Entscheidung
Epidemiologische Transition	Wandel der Morbiditätsstruktur im Zuge des demografischen Übergangs
Ergebnisqualität	Patientenzufriedenheit, gesundheitsbezogene Lebensqualität

Erlernte Hilflosigkeit – Flooding, Reizüberflutung

Begriff	Erklärung
Erlernte Hilflosigkeit	Erfahrung, eine Situation nicht kontrollieren zu können, d. h. es wird kein Zusammenhang (Kontingenz) zwischen eigenem Verhalten und deren Konsequenzen erkannt. Person lernt, dass sie hilflos ist: Egal was sie tut – die Situation ändert sich nicht. Führt zu folgendem Attributionsmuster von Misserfolgen: internal, stabil, global (→ kognitive Triade)
Erziehungsstile	– Autoritär: Die Eltern zeigen nur klare Strukturen auf; wenig Responsivität gegenüber den Kindern. – Autoritativ: Die Eltern achten auf klare Strukturen und zeigen zugleich hohe Akzeptanz und Responsivität gegenüber dem Kind. Wirkt sich positiv auf die Persönlichkeitsbildung aus. – Permissiv: Wenig Strukturen, aber hohe Akzeptanz und Responsivität gegenüber den Kindern. – Vernachlässigend: Kein echter Erziehungsstil, stattdessen Vernachlässigung der Kinder.
Ethischer Utilitarismus	Der Zweck heiligt die Mittel. Z. B.: therapeutisches Klonen ist dann gut, wenn dadurch Hoffnung auf Behandlung von Krankheiten entsteht.
Evidenz-basierte Medizin	Anwendung medizinischer Maßnahmen, deren Wirksamkeit nach derzeitigem wissenschaftlichen Kenntnisstand bestmöglich belegt ist (→ randomisiert kontrollierte Studie).
Experiment	Planmäßige Manipulation der unabhängigen Variablen und anschließende Messung der abhängigen Variablen.
Extinktion	Löschung: Gelerntes wird wieder verlernt. Tritt ein, wenn die Kontingenz zwischen Reiz und Reaktion oder zwischen Reaktion und Konsequenz aufgehoben wird.
Fallkontrollstudie	Sonderform der retrospektiven Kohortenstudie: Gruppe Erkrankter wird verglichen mit Gruppe nicht erkrankter „Merkmalszwillinge"; dient der retrospektiven Identifizierung von Risikofaktoren.
Fallpauschale	syn: diagnosis related group (DRG) Für eine Diagnose pauschal festgelegte Vergütung einer medizinischen Leistung in deutschen Krankenhäusern.
Falsifikationsprinzip (Karl Popper)	Fortschritt in der wissenschaftlichen Erkenntnis resultiert aus dem Ausschluss unzutreffender Annahmen (Falsifikation).
Falsifizierbarkeit	Wissenschaftliche Hypothesen müssen prinzipiell widerlegbar sein.
Familienanamnese	Patient berichtet im Arztgespräch über seinen familiären Hintergrund (Familie und Erkrankungen der Familie).
Fatalismus	→ Stoizismus
Feldunabhängigkeit	Tendenz, autonom und unabhängig von Umgebungseinflüssen zu agieren.
Fertilität	Fruchtbarkeit, bestimmt im Wesentlichen den Prozess des demografischen Alterns.
Flooding, Reizüberflutung	→ Konfrontationstherapie

Fluide Intelligenz – Gesprächsführung, direktiv vs. nondirektiv

Begriff	Erklärung
Fluide Intelligenz	→ Intelligenz, fluide vs. kristalline
Fourastié-Hypothese	Anteil von Beschäftigten hängt ab vom Grad der Technisierung und Automatisierung eines Erwerbssektors (→ Tertiarisierung).
Frageformen (offen, geschlossen, Katalog, dichotom)	– Offen: nicht vorgegeben („Wie geht es Ihnen?") – Geschlossen: Thema vorgeben („Erzählen Sie mir etwas über Ihre Schmerzen!") – Katalogfragen: Antwortkatalog mit mehreren Antwortmöglichkeiten, aus denen gewählt werden muss („Sind Ihre Schmerzen stechend, pochend, drückend?") – Dichotome Fragen: Fragen mit den Antwortalternativen „Ja/Nein" – Suggestivfragen: Eigentlich kein Antwortspielraum mehr, Antwort bereits in Frage enthalten
Fremdanamnese	Arzt befragt Dritte (Familie, Freunde, Bekannte des Patienten) über die Krankheit des Patienten.
Fremde-Situations-Test	Test zur Erfassung der Bindungsqualität (→ Bindungsverhalten) zwischen Mutter und Kind. Hier wechselt in jeweils 3-minütigen Episoden die Anwesenheit der Mutter.
Funktionale Norm	→ Normen
Funktionale Spezifität	→ Arztrolle
Funktionsnorm	→ Normen
Geburtenziffer	Anteil der Geburten pro Frau (1,3–1,4 pro Frau in Deutschland)
Gedächtnis, deklaratives	Teile sind das episodische (eigene Geschichte) und das semantische Gedächtnis (Allgemeinwissen), wird durch Störung im Hippocampus beeinträchtigt.
Gedächtnis, episodisches	Erinnerung an persönlich erlebte Ereignisse
Gedächtnis, implizites	Nicht benennbares Wissen, erklärt intuitives Handeln.
Gedächtnis, Kurzzeit	Zeitspanne: Minuten
Gedächtnis, prozedurales	Gehört zum impliziten Gedächtnis, beinhaltet Fertigkeiten und Gewohnheiten.
Gedächtnis, semantisches	Faktenwissen
Gesprächsführung, patientenzentrierte non-direktive	Gesprächsführung nach Carl Rogers, wichtige Bestandteile: Echtheit, Empathie, positive Wertschätzung, Spiegelung emotionaler Inhalte.
Gesprächsführung, direktiv vs. nondirektiv	– Direktiv: Der Arzt leitet das Gespräch, gibt die Themen vor und stellt eher geschlossene Fragen (→ Frageformen) – Non-direktiv: Arzt eröffnet das Gespräch mit einer offenen Frage und hört dann im Wesentlichen zu, sendet nonverbale Aufmerksamkeitssignale und paraphrasiert (wiederholt mit anderen Worten) Äußerungen des Patienten.

Begriff	Erklärung
Gesprächspsychotherapie (Rogers)	Therapierichtung auf Basis der non-direktiven Gesprächsführung (→ Gesprächsführung, patientenzentrierte non-direktive) nach Carl Rogers. Ziel ist die Selbstverwirklichung des Klienten. Setzt auf Seiten des Therapeuten folgendes voraus: Akzeptanz (Wertschätzung), Empathie (Mitgefühl), Kongruenz/Authentizität (Echtheit). Die wesentliche Technik besteht in der Verbalisierung und Spiegelung emotionaler Inhalte.
Gesundheitsamt	→ Gesundheitsdienst, öffentlich
Gesundheitsdienst, öffentlich	Gesundheitsamt, Aufgaben: – Seuchenbekämpfung – amtsärztliche Untersuchungen – KEINE Behandlung, aber fürsorgliche Betreuung von chronisch Kranken
Gini-Koeffizient	Statistische Maßzahl zur Bestimmung von Ungleichverteilungen. Dient zur Bestimmung von Einkommensungleichheit (→ Einkommensdisparität).
Gratifikationskrise (Siegrist)	Entsteht, wenn subjektiv das Gefühl entsteht, dass die Belohnung zu gering ist. Hier werden folgende Belohnungen erfasst: Geld, Anerkennung, Karriere.
Gruppen, formell vs. informell	– Formell: Rahmen der Gruppe ist klar definiert, z. B. Arbeitsteam – Informell: Gruppe ist bestimmt durch persönlichen Zusammenschluss, z. B. Lerngruppe
Gütekriterien eines Tests	→ Objektivität, → Reliabilität, → Validität
Habituation	Gewöhnung an wiederkehrende Reize mit der Folge, dass eine Orientierungsreaktion (→ Orientierungsreaktion) ausbleibt.
Halo-Effekt	Ein hervorstechendes Merkmal beeinflusst/"überstrahlt" die Wahrnehmung anderer Merkmale.
Haupteffektthese	→ Stress-Puffer-Modell
HAWIE	Hamburg-Wechsler-Intelligenztest, bestehend aus einem Handlungs- und einem Verbalteil, gründet sich auf die Generalfaktorentheorie der Intelligenz (IQ-Verteilung: Mittelwert = 100, Standardabweichung = 15).
Hawthorne-Effekt	Versuchspersonenfehler: Bereits das Bewusstsein, an einem Versuch teilzunehmen, beeinflusst die Reaktionsweise der Versuchspersonen.
Health-Belief-Modell	Eines der ältesten Modelle des Gesundheitsverhaltens; es benennt einige wichtige Einflussfaktoren auf das Gesundheitsverhalten: – das Ausmaß, in dem man glaubt, dass die Krankheit schwerwiegende Folgen haben kann – das Ausmaß, in dem man sich für anfällig für die Krankheit hält – der subjektiv erlebte Nutzen des Verhaltens – die subjektiv erlebten Kosten oder Barrieren, die dem Verhalten entgegenstehen Nachträglich als wichtiger Faktor zusätzlich beschrieben: Überzeugung, das gewünschte Verhalten auch unter widrigen Umständen durchführen zu können. Ursprünglich im Modell nicht enthalten.

High expressed emotion – Intelligenzentwicklung nach Piaget

Begriff	Erklärung
High expressed emotion	Überfürsorglicher Kommunikationsstil in Familien
Hospiz	Palliative Einrichtung der Sterbebegleitung, interdisziplinäres Team aus Ärzten, Pflege, Psychologen, Seelsorgern, Sozialarbeitern. Aufgaben eines Hospizes: – Verbesserung der Lebensqualität – Schmerzlinderung – KEINE Reanimation, KEINE lebensverlängernden Maßnahmen
Iatrogene Fixierung	Durch den Arzt (iatrogen) hervorgerufener Glaube, erkrankt zu sein, z. B. durch unangemessene diagnostische oder therapeutische Maßnahmen
ICD-10	Klassifikationssystem, das zur Verschlüsselung von Diagnosen herangezogen wird, in dem operationalisierte Kriterien genannt werden, anhand derer man entscheiden kann, welche Krankheit vorliegt. Erhöht die Vergleichbarkeit im Sinne der Auswertungsobjektivität (→ Objektivität).
ICF	Internationale Klassifikation der Funktionsfähigkeit, Behinderung und Gesundheit, beschreibt die Auswirkungen chronischer Krankheiten und umfasst folgende Dimensionen: Aktivität, Kontextfaktoren in Person und Umwelt, Körperfunktionen und -strukturen, Partizipation (= Teilhabe an Beruf und Gesellschaft).
Ich-Funktionen	Psychoanalyse: Vermittlung zwischen Es (Trieb) und Über-Ich (Gewissen), Realitätsprüfung, Einsatz von Abwehrmechanismen, Angstabwehr.
ICU	Intensive-care-unit-Syndrom, hirnorganisches Psychosyndrom: Bewusstseinstrübung, zeitliche Desorientierung, motorische Unruhe und aggressives Verhalten nach Operation oder auf der Intensiv-Station.
Idealnorm	→ Normen
Induktion	Schluss von empirischen Beobachtungen auf eine Gesetzmäßigkeit
Inferenzstatistik	Schlussfolgerung von den Stichprobenkennwerten auf die Parameter der Population
Informed consent	Einwilligung des Patienten zur Teilnahme an einer Studie nach Aufklärung über alle Vor- und Nachteile
Instrumenteller Rückhalt	Form der sozialen Unterstützung durch „lebenspraktische Hilfe"
Instrumentelles Konditionieren	→ operantes Konditionieren
Intelligenz, fluide vs. kristalline	– Fluide Intelligenz: Fähigkeit, sich schnell auf neue Situationen einzustellen, nimmt im Alter ab. – Kristalline Intelligenz: Erworbenes Wissen, nimmt im Alter zu.
Intelligenzentwicklung nach Piaget	Stufen der Intelligenzentwicklung: 1. Sensumotorische Intelligenz (bis 2 J.) 2. Vorbegriffliches Denken (bis 4 J.) 3. Anschauliches Denken (bis 6 J.) 4. Konkretes Denken (bis 10 J.) 5. Formales Denken (ab 10 J.)

Intention to Treat Prinzip – K-Komplexe

Begriff	Erklärung
Intention to Treat Prinzip	Die Daten aller Personen, die man beabsichtigte (Intention) zu behandeln (to treat), werden ausgewertet, unabhängig davon, ob sie die Behandlung vollständig erhalten haben.
Interferenz, retroaktiv vs. proaktiv	Überlagerung von gelernten Inhalten: – Retroaktiv: Später Gelerntes überlagert früher Gelerntes. – Proaktiv: Früher Gelerntes überlagert das später Gelernte.
Interne Konsistenz	Maß für die Reliabilität (→ Cronbachs Alpha)
Interozeption	Wahrnehmung körperlicher Vorgänge
Interquartilabstand	Maß für die Streuung auf Rangskalenniveau. Quartile teilen eine Rangreihe in vier gleiche Teile.
Inzidenz	Anzahl an Neuerkrankungen
IQ	Intelligenzquotient, Wert in einem Intelligenztest
IQ, klassische Definition	Quotient aus dem Intelligenzalter (altersentsprechende intellektuelle Leistungen) und dem biologischen Lebensalter
Irrtumswahrscheinlichkeit	Die Wahrscheinlichkeit, die Nullhypothese irrtümlich abzulehnen.
Isolierung	Psychoanalytischer Abwehrmechanismus: Trennung von Objekt und Affekt.
Karl Marx	Postuliert die Verfügbarkeit von Produktionsmitteln als Grundlage der Klassenbildung.
Kassenärztliche Vereinigung (KV)	Aufgaben der KV: – sachgerechte Planung und Verteilung der Vertragsarztsitze – die Sicherstellung der ambulanten Versorgung (Sicherstellungsauftrag) – die Überwachung von Pflichten der Vertragsärzte (z. B. Wirtschaftlichkeitsprüfungen, Disziplinarverfahren) – die Wahrnehmung der Rechte der Vertragsärzte gegenüber den Krankenkassen
Katalogfragen	→ Frageformen
Katamnese	Patientennachbefragung nach einer therapeutischen Intervention, Mittel der Qualitätssicherung zur Ergebnisqualität (→ Qualitätssicherung)
Kategorialskala	→ Skala
Kausalattribution, Ursachenzuschreibung	→ Attribution
K-Komplexe	EEG-Phänomene, die im Schlafstadium 2 (leichter Schlaf) auftreten.

Introspektion: untersuchen psychischer Vorgänge durch Selbstbeobachtung

Klassisches Konditionieren – Kompression der Morbidität

Begriff	Erklärung
Klassisches Konditionieren	Signallernen: Zunächst liegt eine natürliche Reiz-Reaktionsverknüpfung (z. B. ein Reflex) vor. Hierbei löst ein unkonditionierter Reiz (Luftstoß ins Auge) unbedingt, von Geburt an eine unbedingte Reaktion aus (Schließen des Auges). Wird nun wiederholt ein neutraler Reiz (Glockenton) mit dem unbedingten Reiz (Luftstoß) gekoppelt, d. h. eine Kontingenz (Zusammenhang) zwischen dem neutralen und dem unbedingten Reiz hergestellt, so erfolgt nach einer Weile auch eine Reaktion auf den zunächst neutralen Reiz. Der ehemals neutrale Reiz ist nun nicht mehr neutral, sondern er wird zum konditionierten (= bedingten) Reiz, da er nun auch eine Reaktion auslöst, die, wenn sie auf den konditionierten Reiz hin erfolgt, auch als konditionierte Reaktion bezeichnet wird.
Kognitions-Attributionstheorie der Emotion	Emotionen werden bestimmt durch unspezifische physiologische Erregung und deren kognitive Bewertung.
Kognitive Dissonanz	→ Dissonanz, kognitive
Kognitive Triade (Beck)	Negative Sicht der eigenen Person, der Umwelt und der Zukunft; Denkmuster, welches bei Depression vorliegt.
Kognitive Verhaltenstherapie	Destruktive Gedanken werden identifiziert und durch konstruktive Gedanken ersetzt: – Aufbau angenehmer Aktivitäten – Infragestellung irrationaler Kognitionen – Training sozialer Kompetenzen – Veränderung automatischer Gedanken
Kognitives Bewertungskonzept nach Lazarus	→ Stressmodell, kognitives, → Transaktionales Stressmodell
Kohärenzgefühl	Trägt im wesentlichen zum Wohlbefinden bei und hängt davon ab, in welchem Maß Ereignisse vorhersehbar und erklärbar sind, bewältigt werden können und es sich lohnt, die Ereignisse zu bewältigen (→ Salutogenese).
Kohäsion, soziale	Sozialer Zusammenhalt, Protektivfaktor (Schutzfaktor) für Gesundheit
Kohortenstudie	Gruppen (Kohorten) werden über einen längeren Zeitraum untersucht: – Retrospektiv: Den Zeitraum VOR einem Ereignis betreffend (z. B. vor Eintritt einer Krankheit) – Prospektiv: Den Zeitraum NACH einem Ereignis betreffend (→ Längsschnittuntersuchung, → Studien)
Komorbidität	Gemeinsames Auftreten von mehreren Erkrankungen (z. B. Herzinfarkt und Depression)
Kompetenzerwartung	→ Selbstwirksamkeit
Komplementärmedizin	Verfahren außerhalb der Schulmedizin, wird von höheren Schichten eher in Anspruch genommen als von unteren Schichten.
Kompression der Morbidität	Nicht nur die Lebenserwartung nimmt zu, sondern auch die behinderungsfreie Zeit.

Konditionieren, klassisch vs. operant – Korrelation

Begriff	Erklärung
Konditionieren, klassisch vs. operant	– Klassisches Konditionieren bezieht sich auf das Erlernen von Reizen, mit denen unwillkürliche (vegetative, reflexartige) Reaktionen ausgelöst werden (→ klassisches Konditionieren) – Operantes Konditionieren bezieht sich auf das Erlernen willkürliche Reaktionen, deren Wahrscheinlichkeiten sich durch Verstärkung erhöhen und durch Bestrafung senken (→ operantes Konditionieren, → Verstärkung, → Bestrafung).
Konditionierte/r Stimulus/Reaktion	→ klassisches Konditionieren
Konfabulation	Erfundene und nicht zutreffende Erklärungen bei Gedächtnisausfall: Erinnerungslücken bei Gedächtnisverlust werden durch erfundene Geschichten überspielt.
Konfidenzintervall	Der Bereich, in dem der wahre Wert mit einer definierten Wahrscheinlichkeit liegt.
Konflikt, intrapsychisch	Konflikte innerhalb einer Person, verursachen nach psychoanalytischer Auffassung psychische Störungen.
Konformität, soziale	Soziale Anpassung, führt dazu, dass soziale Erwartungen erfüllt werden.
Konfrontationstherapie	Patienten werden mit angstauslösenden Reizen so lange konfrontiert, bis die Angst nachlässt (in sensu = in der Vorstellung; in vivo = in der Realität)
Konfundierung (= Störvariable)	Wenn eine Störvariable einen Zusammenhang vortäuscht, der in Wirklichkeit nicht besteht, spricht man von Konfundierung. Beispiel: Bei der Untersuchung des Einflusses von Alkoholkonsum auf das Risiko für Lungenkrebs sollte das Rauchen als potenzielle Störvariable berücksichtigt werden, da Alkoholkonsum und Zigarettenkonsum konfundiert sind.
Konsequenz	→ SORKC-Schema
Konstrukt, latentes	Merkmale, die nicht direkt beobachtbar sind, sondern erschlossen bzw. abgeleitet werden (Intelligenz, Lebensqualität, Introversion, etc.)
Kontingenz	→ SORKC-Schema
Kontrast-Effekt	Nachdem eine Person sehr gut war, wird eine mittelmäßige Person schlechter beurteilt.
Kontrollgruppe vs. Experimentalgruppe	In der Experimentalgruppe wird ein neues Verfahren eingesetzt und verglichen mit einer Kontrollgruppe, die herkömmlich behandelt wird.
Kontrollüberzeugung, internal vs. external	– Internal: Ich selbst kann mein Schicksal bestimmen – External: Andere bestimmten mein Schicksal (→ Attributionsdimensionen)
Korrelation	Statistisches Maß für einen Zusammenhang, Wert kann zwischen −1 und +1 liegen. Je höher der Wert, desto enger der Zusammenhang; das Vorzeichen bestimmt die Richtung: – positiv = gleichgerichtet: je mehr, desto mehr – negativ = entgegengesetzt: je mehr, desto weniger

Begriff	Erklärung
Kostenerstattungsprinzip	In der privaten Krankenversicherung muss der Patient den Arzt nach Eingang der Rechnung für die erfolgte Behandlung direkt bezahlen und erhält dann von der privaten Krankenversicherung den Betrag erstattet.
Krankenrolle (Parsons)	– Der Kranke ist verpflichtet, alles zu tun, um wieder gesund zu werden. – Der Kranke ist verpflichtet, einen Arzt aufzusuchen. – Der Kranke wird von sozialen Rollenverpflichtungen weitgehend befreit. – Der Kranke wird für seine Situation nicht verantwortlich gemacht.
Krankheitsanamnese	Befragung des Patienten zu seiner Krankheitsgeschichte, aktuellen und vorherigen Beschwerden, vergangenen Operationen etc.
Krankheitsgewinn, primär vs. sekundär	– Primärer Krankheitsgewinn beschreibt nach analytischer Auffassung eine Konfliktreduktion durch die Erkrankung. – Sekundärer Krankheitsgewinn entsteht durch die mit der Krankheit verbundene Entlastung von Verpflichtungen oder durch die verstärkte Zuwendung durch Andere.
Kristalline Intelligenz	→ Intelligenz, fluide vs. kristalline
Kurative vs. palliative Medizin	– Kurativ: heilend, Gesundheit soll wieder hergestellt werden. – Palliativ: Bei unheilbaren Erkrankungen soll die Lebensqualität verbessert werden (→ Hospiz).
Laienätiologie	Laienhafte Erklärung für Krankheitsursachen
Laienzuweisungssystem	Personen aus dem Umfeld (i. d. R. Laien) schicken kranke Personen zum Arzt.
Längsschnittuntersuchung	Dieselben Personen werden über einen längeren Zeitraum mehrmals untersucht (→ Kohortenstudie, prospektive).
Langzeitpotenzierung	Andauernde Veränderung der Erregbarkeit von Neuronen im Hippocampus und Kortex, Gedächtniskonsolidierung
Lateralisierung	Überwiegende Zuordnung bestimmter körperlicher und mentaler Funktionen zu einer der beiden Hirnhemisphären.
Lebenserwartung	Lebenserwartung bezieht sich immer auf eine definierte Altersgruppe. Sie steigt pro Jahr in Deutschland um ca. 3 Monate.
Lebensqualität, gesundheitsbezogene	Wird bestimmt durch: – Funktionszustand (Handlungsvermögen) – körperliche Beschwerden – psychisches Befinden – soziale Rollen
Letalität	„Tödlichkeit" einer Erkrankung, Anteil der an der Erkrankung Gestorbenen in Relation zu allen Erkrankten. Bezeichnet das Risiko, an der betreffenden Krankheit zu sterben.
Liaisondienst, onkologischer	Direkte, anfrageunabhängige Mitarbeit eines Psychotherapeuten in der onkologischen Abteilung.

Ein besonderer Berufsstand braucht besondere Finanzberatung.

Als einzige heilberufespezifische Finanz- und Wirtschaftsberatung in Deutschland bieten wir Ihnen seit Jahrzehnten Lösungen und Services auf höchstem Niveau. Immer ausgerichtet an Ihrem ganz besonderen Bedarf – damit Sie den Rücken frei haben für Ihre anspruchsvolle Arbeit.

- Services und Produktlösungen vom Studium bis zur Niederlassung
- Berufliche und private Finanzplanung
- Beratung zu und Vermittlung von Altersvorsorge, Versicherungen, Finanzierungen, Kapitalanlagen
- Niederlassungsplanung & Praxisvermittlung
- Betriebswirtschaftliche Beratung

Lassen Sie sich beraten!

Nähere Informationen und unseren Repräsentanten vor Ort finden Sie im Internet unter www.aerzte-finanz.de

Standesgemäße Finanz- und Wirtschaftsberatung

Begriff	Erklärung
Likert-Skala	Antwortmöglichkeiten werden verbal beschrieben. Die verbalen Beschreibungen lassen sich sortieren, folglich liegt mindestens Ordinalskala vor. Beispiel: Schmerzen haben sich 1 = verschlimmert 2 = nicht verändert 3 = verbessert
Lubrikation	Sexuelle Reaktion der Frau in der Erregungsphase (Sekretion in der Genitalregion)
Managed-Care-Programme	Steuerungsmodell im Gesundheitswesen mit dem Ziel, Kosten zu senken und Versorgungsleistungen zu erhöhen. Funktionieren über Einschränkung der freien Arztwahl, leitlinienorientierte Therapie und Stärkung der Rolle des Hausarztes.
Marginalisation	Migrant verliert den Kontakt zur eigenen Kultur und findet keinen Anschluss an eine neue Gruppe (→ Akkulturation).
Median	Maß der zentralen Tendenz auf Ordinalskalenniveau: mittlerer Wert bei rangmäßig geordneten Daten (= Verteilungshalbierung), robust gegen Ausreißer (bestes Lagemaß bei nicht-normalverteilten Daten).
Mediatorvariable	Variable, die einen Zusammenhang zwischen zwei anderen Variablen kausal erklärt (vermittelt). Beispiel: Eine psychoedukative Intervention senkt das Herzinfarktrisiko nur dann, wenn der arterielle Bluthochdruck günstig beeinflusst wird, sonst nicht. Der arterielle Bluthochdruck ist hier die Mediatorvariable.
Medizinischer Dienst der Krankenkassen (MDK)	Trifft Entscheidung über die Zuordnung zu Pflegestufen (im Rahmen der sozialen Pflegeversicherung).
Meritokratische Triade	Beschreibt den sozioökonomischen Status und besteht aus einer gewichteten Summe von Bildung, beruflicher Stellung und Einkommen.
Meta-Analyse	Zusammenfassung mehrerer Studien zu einer Überblicksarbeit, häufig Vergleich über Effektstärken (→ Cohens d)
Metakommunikation	Kommunikation über die Art und Weise der Kommunikation („Reden übers Reden", Bsp.: „So wie Sie mir reden, merkt man gleich, dass Sie mich verstehen wollen.")
Mobilität, soziale	Wanderung im Schichtgefüge, (sozialer Auf- bzw. Abstieg). Soziale Mobilität beschreibt Bewegungen von Menschen zwischen sozialen Positionen aller Art: – Intragenerativ: innerhalb einer Generation (d. h. dieselbe Person verändert ihren sozialen Status) – Intergenerativ: zwischen zwei Generationen (d. h. das Kind verändert gegenüber der Elterngeneration den sozialen Status) – Vertikal: Aufwärts (vom Pfleger zum Arzt) und abwärts (vom Arzt zum Pfleger) – Horizontal: Änderung der Arbeitsstelle durch z. B. Umzug

Modalwert – Non-direktive Gesprächsführung

Begriff	Erklärung
Modalwert	Häufigste Merkmalsausprägung (= Wert) bei Kategorialvariablen (→ Skala, Kategorialskala)
Modelllernen	Erfolgreiche Verhaltensweisen werden von Modellen übernommen: Lernen am Modell.
Moderatorvariable	Variable, die die Wirkung der unabhängigen Variable verändert. Beispiel: Frauen reagieren auf eine Therapie deutlich positiver als Männer (Geschlecht ist Moderator).
Morbidität	Erkrankungshäufigkeit in einer Gruppe; hohe Morbidität bedeutet viele Kranke in dieser Gruppe (→ Prävalenz).
Mortalität	Anteil der Verstorbenen bezogen auf die Gesamtbevölkerung. Sterbehäufigkeit in einer Gruppe; hohe Mortalität bedeutet viele Tote in dieser Gruppe. Nicht verwechseln mit → Letalität (Anteil der Verstorbenen bezogen auf die Anzahl der Erkrankten).
Motivationskonflikt (Lewin)	→ Appetenz-Appetenz-Konflikt, → Aversions-Aversions-Konflikt, → Appetenz-Aversions-Konflikt (= Ambivalenz-Konflikt)
Motive, primäre vs. sekundäre	– Primäre Motive sind angeboren und dienen weitgehend (mit Ausnahme der Sexualität) der Aufrechterhaltung der Homöostase: Hunger, Durst, Wärme, Schlaf. – Sekundäre Motive sind erworben.
Multimorbidität	An mehreren Krankheiten erkrankt (→ Komorbidität)
Multiple Faktorentheorie der Intelligenz, Mehrfaktorentheorie	„Primary mental abilities" wie z. B. räumliches Vorstellungsvermögen und Wortflüssigkeit sind gleichrangige Faktoren der Intelligenz.
Narzisstische Persönlichkeitsstörung	Selbstverliebtheit und Selbstüberschätzung
Natalität	Geburtenhäufigkeit, Anzahl der Geburten bezogen auf die Gesamtbevölkerung.
Nettoreproduktionsziffer (NPZ), Nettoreproduktionsrate	Verhältnis der lebend geborenen Mädchen zum Anteil der Frauen im gebärfähigen Alter; NPZ ist ein Maß für die Reproduktionsfähigkeit der Bevölkerung innerhalb einer Frauengeneration (zurzeit 0.67 in Deutschland.)
Neuronale Plastizität	Morphologische Anpassung des Gehirns (z. B. Volumenzunahme bestimmter Regionen durch Training)
Neurotizismus	Dimension im Big-Five-Modell: Personen mit hohen Werten in dieser Dimension sind labil, d. h. nervös, verletzlich und unzufrieden; Personen mit niedrigen Werten sind stabil (→ Big Five).
Non-direktive Gesprächsführung	→ Gesprächsführung, direktiv vs. non-direktiv

Nonkonformität: bewusstes Nicht-anpassen an Normen einer Gruppe

Begriff	Erklärung
Normen	– Soziale Norm: Was ist gesellschaftlich erlaubt? – Idealnorm: Was wäre Idealzustand? (Beispiel: WHO-Gesundheitsdefinition als Zustand vollkommenen körperlichen, seelischen und sozialen Wohlbefindens) – Funktionsnorm/funktionale Norm: Sind bestimmte Funktionen möglich? Z. B. den Alltag zu bewältigen, der Arbeit nachzugehen? – Therapeutische Norm: Welches Ziel soll eine Behandlung erfüllen? Z. B. bei Bluthochdruck das Risiko für Folgeerkrankungen zu senken.
Normierung eines Test, Normstichprobe	Eichung anhand einer repräsentativen Stichprobe
Nozizeption	Wahrnehmung von Schmerzreizen
Number needed to treat	Anzahl der Patienten, die man im Rahmen einer Präventionsmaßnahme behandeln muss, um ein einziges unerwünschtes Ereignis zu verhindern. Die Number needed to treat ist der Kehrwert der Absoluten Risikoreduktion (Anteil der Erkrankten mit Behandlung abzüglich Anteil der Erkrankten ohne Behandlung).
Nuptialität	Heiratshäufigkeit
Objektbeziehungstheorie	Die frühe Mutter-Kind-Beziehung bestimmt die spätere Beziehungsgestaltung.
Objektivität	Testgütekriterium: Drei Arten von Objektivität: – Durchführung (immer gleich durchführen) – Auswertung (Auswerterunabhängigkeit) – Interpretation (immer gleiche Interpretation, → Normierung, Normstichprobe)
Objektpermanenz	Gegenstände existieren auch dann noch, wenn sie nicht mehr gesehen werden. Kinder müssen Objektpermanenz erst erlernen.
Odds Ratio	Näherungsmaß für das relative Risiko: Verhältnis des Anteils der Erkrankungen mit Risiko zum Anteil der Erkrankungen ohne Risiko. Statistisch robuster bei kleinen Gruppen.
Offene Fragen	→ Frageformen
Operante Strategien	Einsatz von Belohnung und Strafe zur Verhaltensänderung (→ operantes Konditionieren, → Verstärkung, → Belohnung vs. Bestrafung)
Operantes Konditionieren	Instrumentelles Konditionieren: Lernen am Erfolg, Lernen durch Versuch und Irrtum. Willkürliche Reaktionen treten öfter auf, wenn sie erfolgreich waren, bzw. seltener, wenn sie erfolglos waren (→ Verstärkung).
Operationalisierung	Definition eines wissenschaftlichen Konstrukts durch Angabe von Messvorschriften
Opportunitätsstruktur	Summe der Chancen, die eine Gesellschaft ihren Mitgliedern zur Lebensgestaltung zur Verfügung stellt
Ordinalskala	Werte lassen sich als Rangreihe sortieren

Begriff	Erklärung
Organismus	→ SORKC-Schema
Orientierungsreaktion	Reaktion auf einen unerwarteten Reiz. Eine Orientierungsreaktion führt zu Sympathikusaktivierung, EEG-Desynchronisation, einer Erniedrigung der Reizschwellen, Erhöhung der Hautleitfähigkeit und bleibt nach Habituation (→ Habituation) aus.
Oxytocin	Das „Kuschelhormon" fördert die – Pflege des Neugeborenen – Sexualität – soziale Bindung – Stressmilderung
Palliativ-Medizin	→ Kurative vs. palliative Medizin
Panikstörung	Wiederkehrende, schwere Angstattacken, die nicht auf eine bestimmte Situation bezogen sind und u. a. mit Herzrasen einhergehen.
Paradox der Prävention	Interventionen, die auf große Bevölkerungsgruppen mit geringem Risiko zielen, können für die Bevölkerung insgesamt nützlicher sein als Strategien, die sich auf Teilgruppen oder einzelne Personen mit hohem Risiko konzentrieren.
Paralleltestmethode	Ein Paralleltest ist ein dem ursprünglichen Test sehr ähnlicher Test. Test und Paralleltest werden zum gleichen Zeitpunkt denselben Probanden vorgelegt. Die Korrelation dieser Tests kann als Maß für die Reliabilität (→ Reliabilität) herangezogen werden.
Partizipatives Modell	→ Entscheidungsfindung, ärztliche
Paternalistisches Modell	→ Entscheidungsfindung, ärztliche
Patientenzentriertes Vorgehen in der Gesprächsführung	→ Gesprächspsychotherapie (Rogers)
Peer-Review	Begutachtung der Leistungen von Fachkollegen durch andere Fachkollegen, kollegiale Eigenkontrolle
Perseveration	Person sagt oder tut immer wieder das Gleiche. Häufig bei Patienten mit Läsionen im präfrontalen Kortex.
Phobie	Unangemessene, auf ein Objekt bezogene Angst: – Soziale Phobie: vor sozialen Bewertungssituationen – Agoraphobie: vor öffentlichen Plätzen – Spinnenphobie: vor Spinnen etc.
Popper, Karl	→ Falsifikationsprinzip
Positronenemissions-Tomografie	Neurobiologisches Verfahren zur Untersuchung von psychischen Funktionen basierend auf radioaktiv markierten Substanzen.
Posttraumatische Belastungsstörung	Schlafstörungen und Albträume, unwillkürliche Erinnerungen (Nachhallerinnerungen/Flashbacks), äußerlich gefühlsmäßige Abgestumpftheit, innerlich jedoch angespannt und nervös.
Prädiktive Validität	Vorhersagevalidität

Begriff	Erklärung
Prädiktive Werte	– Positiver prädiktiver Wert: Wahrscheinlichkeit einer Erkrankung nach positivem Testergebnis – Negativer prädiktiver Wert: Wahrscheinlichkeit von Gesundheit nach negativem Testergebnis
Prävalenz	Anteil der Erkrankten in einem bestimmten Zeitraum (z. B. 23 % der Männer leiden unter Übergewicht bedeutet, die Prävalenz für Übergewicht bei Männern liegt bei 23 %). (→ Morbidität)
Prävention	Vorbeugung von Krankheiten: – Primär: Soll die Inzidenz von Krankheiten senken (Zähneputzen, Impfungen) – Sekundär: Soll nach Eintritt der Erkrankung Gesundheit wieder herstellen (Früherkennungs-Untersuchung, Screening-Tests) – Tertiär: Soll eine Verschlimmerung von Erkrankungen verhindern (Rehabilitationsmaßnahmen)
Premack-Prinzip	Verhaltensweisen, die sich häufiger zeigen, werden benutzt, um Verhaltensweisen zu verstärken, die weniger häufig auftreten. Beispiel: Du darfst Fußball spielen, nachdem du die Hausaufgaben gemacht hast.
Preparedness	Biologische Vorbereitung: Auf manche Reize (z. B. Spinnen) lassen sich Furchtreaktionen leichter klassisch konditionieren als auf andere, potenziell ebenfalls bedrohliche Reize (z. B. Waffen).
Primacy-Effekt	Zuerst Gelerntes wird am besten behalten (Effekt des ersten Eindrucks)
Primäre Emotionen	→ Emotionen, primär vs. sekundär
Proaktive Interferenz	→ Interferenz, retroaktiv vs. proaktiv
Professionalisierung des Arztberufs	Merkmale einer Professionalisierung: – Ausbreitung eines staatlich geschützten Dienstleistungsmarktes (Behandlungsmonopol), zunehmende fachliche Spezialisierung – Ausbreitung kollegialer Eigenkontrolle (z. B. Peer-Review, Berufsgericht) – hohes Maß an beruflicher Autonomie – eigene Berufsethik
Projektion	Abwehrmechanismus: Eigene Probleme werden nicht gesehen, sondern nur in anderen Personen wahrgenommen.
Prompting	Erwünschte Verhaltensweisen werden gefördert. Beispiel: Essen wird gelehrt, in dem die Hand zum Mund geführt wird.
Propriozeption	Wahrnehmung der Stellung und Bewegung des Körpers
Prosopagnosie	Unfähigkeit, Gesichter zu erkennen.
Protektivfaktoren	Schützen vor Krankheit (→ dispositioneller Optimismus, → Resilienz, → soziales Netzwerk)
Prozentrang	Gibt an, wie viel Prozent der getesteten Probanden den gleichen oder einen niedrigeren Wert erzielen.

Prozessqualität – Reaktionen, individual- vs. reizspezifisch

Begriff	Erklärung
Prozessqualität	Im Rahmen der Qualitätssicherung wird hier beschrieben, inwieweit sich Leitlinien und Standards mit den tatsächlichen Durchführungsmodalitäten decken.
Psychosexuelle Entwicklung	Vollzieht sich in folgenden Phasen: 1. Orale Phase (bis 2 J.) 2. Anale Phase (bis 4 J.) 3. Ödipale = phallische Phase (bis 6 J.) 4. Latenz (bis 12 J.) 5. Genitale Phase (ab Pubertät)
Punktprävalenz	Erkrankungshäufigkeit zu einen bestimmten Zeitpunkt; lässt sich gut erfassen durch eine Querschnittstudie (→ Prävalenz).
Quasiexperiment	Wenn die unabhängige Variable nicht planmäßig manipuliert werden kann und man auf bereits bestehende Merkmalsausprägungen zurückgreifen muss, spricht man von einem Quasiexperiment.
Querschnittstudie	Daten werden zu EINEM Messzeitpunkt erhoben. Ermöglicht die Feststellung der Prävalenz von Krankheiten.
Quotenstichprobe	Die Stichprobe wird hinsichtlich relevanter Merkmale den Quoten der Grundgesamtheit entsprechend gebildet.
Randomisierte kontrollierte Studie	Bei randomisierten kontrollierten Studien werden Probanden aus einer Population zufällig ausgewählt und nach dem Zufallsprinzip in Gruppen eingeteilt. Sie ist eine Form der experimentellen Untersuchung, bei der der Versuchsleiter die Kontrolle über die unabhängige Variable hat. Zufallszuweisung (→ Randomisierung) heißt hier, jeder Proband hat die gleiche Chance, in die Interventions- oder Kontrollgruppe zu gelangen. Randomisiert kontrollierte Studien eignen sich zur Untersuchung von Therapieeffekten (Interventionsstudie).
Randomisierung	Zufällige Aufteilung (random = Zufall): Zur Vermeidung von Selektionseffekten werden die Versuchspersonen zufällig der Experimentalgruppe und Kontrollgruppe zugewiesen, sodass jede Versuchsperson die gleiche Chance hat, in die eine oder andere Gruppe zu kommen.
Rationalisierung	Abwehrmechanismus: Für unbewusst motiviertes Verhalten werden scheinbar vernünftige Gründe gesucht.
Reaktanz	Entsteht, wenn die Handlungsfreiheit eingeschränkt wird, und führt zu „Trotzverhalten" = reaktantem Verhalten.
Reaktionen, individual- vs. reizspezifisch	– Individualspezifisch: Eine Person zeigt auf unterschiedliche Reize immer wieder dieselbe (individualspezifische) Reaktion, also für dieses Individuum eine spezifische Reaktion. – Bestimmte Reize lösen bei unterschiedlichen Personen immer dieselben (reizspezifischen) Reaktionen aus.

Reaktionen, unkonditionierte vs. konditionierte – Remission

Begriff	Erklärung
Reaktionen, unkonditionierte vs. konditionierte	Im Rahmen des klassischen Konditionierens spricht man von unkonditionierten (ungelernten, unbedingten) Reaktionen, wenn sie einem Reiz „unbedingt" von Geburt an reflexhaft folgen. Konditionierte Reaktionen hingegen folgen einem Reiz nur nach einer erfolgten Konditionierung (→ klassisches Konditionieren).
Reaktionsbildung	Abwehrmechanismus: Auf inakzeptable Impulse hin werden entgegengesetzte Verhaltensweisen ausgebildet (Verschmähte Liebe wandelt sich in Hass).
Recency-Effekt	Zuletzt Gelerntes wird am besten behalten (Effekt des letzten Eindrucks)
Rehabilitation	Anschlussheilbehandlung im Sinne einer tertiären Prävention; Kostenträger sind die gesetzliche Rentenversicherung, die Krankenkassen oder die Unfallversicherung.
Reiz, diskriminativ	Bestimmt die situativen Gegebenheiten, unter denen ein bestimmtes Verhalten gezeigt wird. Beispiel: Ein Hund bettelt nur bei Herrchen, nicht bei Frauchen; diskriminativer Reiz: Herrchen vs. Frauchen.
Reiz, konditioniert vs. unkonditioniert	Im Rahmen des klassischen Konditionierens spricht man von unkonditionierten oder ungelernten oder unbedingten Reizen, wenn diese „unbedingt" von Geburt an reflexhaft immer eine Reaktion auslösen. Konditionierte (bedingte, gelernte) Reize hingegen lösen nur nach einem Konditionierungsprozess (Lernvorgang) eine Reaktion aus (→ klassisches Konditionieren).
Reizgeneralisation	Ursprüngliche Angst vor Ratten weitet sich weiter aus auf Mäuse, Hamster, Meerschweinchen, Kaninchen usw.
Reizüberflutung, Flooding	→ Konfrontationstherapie
Rektangularisierung	Demografischer Begriff, der einen hohen Anteil der Überlebenden einer Alterskohorte mit einem starken Abfall erst im hohen Alter (z. B. nach dem 75. Lebensjahr) beschreibt.
Relatives Risiko	Quotient der Krankheitshäufigkeit von exponierten zu nicht exponierten Personen
Reliabilität	Messgenauigkeit eines Testverfahrens, wird berechnet durch folgende Methoden: → Re-Test-Methode, → Paralleltestmethode, → Splithalf-Methode, → interne Konsistenz. Reliabilität wird durch Testverlängerung verbessert.
Remission	Wiederherstellung: Im Rahmen des klassisches Konditionierens die spontane Wiederherstellung einer konditionierten Reiz-Reaktions-Verbindung (→ klassisches Konditionieren).

Begriff	Erklärung
REM-Schlaf	Rapid-Eyes-Movement = Traumschlaf: − tritt 1–5 mal pro Nacht auf, macht etwa 20 % des Schlafes aus − Häufigkeit nimmt im Laufe der Nacht zu, im Laufe des Lebens ab − niedrigamplitudiges, desynchronisiertes EEG − Skelettmuskulatur weitgehend entspannt (Myoklonien = Muskelzucken aber möglich)
Repressor	Repressoren nehmen positive Reize wahr, angsterzeugende Reize übersehen sie, wollen nichts über ihre Erkrankung wissen (Gegenteil → Sensitizer).
Resilienz	Widerstandsfähigkeit *psychische Elastizität, Anpassungsfähigkeit*
Re-Test-Methode	Ein Test wird mit denselben Probanden wiederholt. Die Korrelation der beiden Testergebnisse kann als Maß für die Reliabilität herangezogen werden.
Retroaktive Interferenz	→ Interferenz, retroaktiv vs. proaktiv
Rezidiv	Rückfall im Heilungsprozess
Reziprozität	Empathie und Feinfühligkeit
Risikoreduktion, absolute	Wie groß ist die (absolute) Differenz der Erkrankungsfälle mit und ohne den untersuchten Risikofaktor? Differenz der Erkrankungshäufigkeit zwischen Exponierten und nicht Exponierten.
Risiko, relatives	In welchem Verhältnis (RELATION) steht die Erkrankungshäufigkeit mit und ohne den untersuchten Risikofaktor?
Risikostrukturausgleich	Ausgleichszahlungen zwischen den gesetzlichen Krankenversicherungen zur Kompensation von Unterschieden z. B. bezüglich der Häufigkeit und Qualität von Krankheitsrisiken der Versicherten.
Rollenkonflikte, Inter- vs. Intra-Rollenkonflikt	− Interrollenkonflikt: Konflikt zwischen (inter) zwei Rollenerwartungen. Rolle als Arzt verlangt Überstunden, Rolle als Vater Zeit mit der Familie. − Intrarollenkonflikt: Konflikt zwischen Anforderungen innerhalb (intra) einer Rolle. Rolle des Arztes verlangt, so gut wie möglich, aber auch so billig wie möglich zu arbeiten.
Rosenthal-Effekt	Versuchsleiterfehler. Die Erwartung des Versuchsleiters beeinflusst das Verhalten und die Beurteilung, wird durch eine Doppelblinddstudie kontrolliert.
Sachleistungsprinzip	Patient muss die Behandlung nicht direkt bezahlen, sondern der Arzt erhält das Honorar von der Kassenärztlichen Vereinigung. Sachleistungsprinzip gilt in der gesetzlichen Krankenversicherung (vs. → Kostenerstattungsprinzip bei privaten Krankenversicherungen).
Salutogenese (Antonovsky)	Wohlbefinden hängt ab von subjektiver Verstehbarkeit, Handhabbarkeit und Sinnhaftigkeit von Ereignissen (→ Kohärenzgefühl).

Schichtgradient von Erkrankungen – SF-36-Fragebogen

Begriff	Erklärung
Schichtgradient von Erkrankungen	Schichtabhängige Krankheitshäufigkeiten (→ Prävalenzen): – In Oberschicht häufiger: Allergien, Neurodermitis – In Unterschicht häufiger: Herz-Kreislauferkrankungen, Diabetes Mellitus, Lungenkrebs, schlechter Zahnstatus, Substanzmittelmissbrauch
Schichtindex	→ Meritokratische Triade
Schlafapnoe-Syndrom	Atemstillstände von mehr als 10 Sekunden Dauer während des Nachtschlafes, daraus resultierende Tagesmüdigkeit.
Schlafspindeln	EEG-Phänomen, das neben K-Komplexen im Schlafstadium 2 (leichter Schlaf) auftritt.
Schmerzkomponenten	– sensorisch-diskriminativ: Lokalisation, Intensität – motivational-affektiv: subjektives Erleben der emotionalen Schmerzreaktion – kognitiv-bewertend: subjektive Erklärung für den Schmerz, Katastrophisieren
Schnittstellenproblem	Informationsverluste im Übergang von einer Versorgungsinstanz zur nächsten.
Screening-Test	Verfahren zur Früherkennung von Krankheiten, Maßnahme der → sekundären Prävention.
Sekundäre Emotionen	→ Emotionen, primär vs. sekundär
Selbstkonzept	Stabile Annahmen, die Menschen über sich selbst haben
Selbstmanagement	Eigenverantwortlicher Umgang mit der Krankheit
Selbstwirksamkeit (Bandura)	Der Glaube, etwas aus eigenem Antrieb zu schaffen, und die Überzeugung, sich selbst helfen zu können.
Self-efficacy	→ Selbstwirksamkeit
Sensation seeking	Sensationssuche/Suche nach Abwechslung, vorwiegend bei extravertierten Personen, besteht aus: – Suche nach Abenteuern – Enthemmung – Risikobereitschaft
Sensitivität	Empfindlichkeit eines Testverfahrens (Wie sicher erkennt ein Test eine Krankheit?). Wahrscheinlichkeit eines positiven Testwertes bei auch tatsächlich kranken Personen.
Sensitizer	Sensitizer lenken die Aufmerksamkeit eher auf negative Ereignisse, die eintreten können, wenden sich zu angstbesetzten Reizen hin (Gegenteil → Repressor).
Sensorischer Speicher	Sensorische Reize bleiben hier mehrere Sekunden erhalten. Hierdurch erklären sich Nachbilder trotz völliger Dunkelheit.
Setting-Ansatz	Schulungen von Risikogruppen in ihrer natürlichen Umgebung (z. B. Ansprechen von Drogensüchtigen in ihrer Umgebung).
SF-36-Fragebogen	Test für die körperliche Funktionsfähigkeit

Begriff	Erklärung
Shaping	Aufbau komplexer Verhaltensweisen, in dem jeder einzelne Schritt stufenweise verstärkt wird; Technik der Verhaltenstherapie (→ Verhaltenstherapie).
Shared decision making	Gleichberechtigte Mitwirkung des Patienten bei der Auswahl von Therapiemaßnahmen (→ partizipatives Modell).
Signifikanz, signifikant	Überzufällig, d. h. nur mit geringer Wahrscheinlichkeit zufallsbedingt. Ein signifikantes Ergebnis besagt, dass der gefundene Unterschied nur mit geringer Wahrscheinlichkeit zufallsbedingt ist.
Simulation	Bewusstes Vorspielen von Krankheitssymptomen, um einen Vorteil zu erhalten (z. B. Simulation von Migräne zur Erreichung einer Frührente).
Skala, Skalenniveaus	– Nominal-/Kategorialskala: Merkmale können benannt und in Kategorien sortiert werden (Geschlecht, Erkrankung); häufigster Wert = Modalwert. – Ordinalskala: Merkmale können als Rangreihe sortiert werden (z. B. Empfinden: verschlechtert, unverändert, verbessert, stark verbessert), Maß der zentralen Tendenz = Median (Verteilungshalbierung) – Intervallskala: Die Differenzen der Skalenabstände entsprechen sich, die meisten Tests erheben den Anspruch, auf diesem Niveau zu messen (z. B. Intelligenztests), Maß der zentralen Tendenz = arithmetisches Mittel – Verhältnis-/Absolut-/Rationalskala: Absoluter Nullpunkt vorhanden, Relationen (Verhältnisse) können berechnet werden (Blutdruck); Maß der zentralen Tendenz: geometrisches Mittel
Skalen, hierarchische Ordnung	Ordnung der Skalen entsprechend dem Informationsgehalt aufsteigend sortiert (noir): – Nominal = Kategorial – Ordinal = Rang – Intervall – Rational = Verhältnis = Absolut
Social support	→ Soziales Netzwerk
Solidaritätsprinzip	Höhe der Krankenversicherungsbeiträge richtet sich nach der Höhe des Einkommens (gesetzliche Krankenkasse).
Somatisierung	Präsentation körperlicher Beschwerden, für die sich keine organische Erklärung finden lässt.
Somatoforme Störung	→ Somatisierung

Begriff	Erklärung
SORKC-Schema	Ein Stimulus (S) triff auf einen Organismus (O) und löst dort eine Reaktion (R) aus, die in bestimmten Zusammenhängen (Kontingenzen = K) Consequenzen (C) nach sich zieht. In der Verhaltenstherapie werden unerwünschte Reaktionen (R) mit diesem Schema analysiert: Auf welche Reize (S) erfolgt im Organismus (O) welche Reaktion (R), welche Consequenzen (C) hat die Reaktion und unter welchen Bedingungen (K) treten diese Konsequenzen ein. Auf dieser Grundlage können dann gezielte verhaltenstherapeutische Interventionen erfolgen.
Sozialanamnese	Fragen u. a. nach Arbeitsbedingungen, Familie und Partnerschaft
Soziale Erwünschtheit	Antwortverhalten einer Testperson: Man sagt das, was gesellschaftlich erwünscht ist. Diese Antworttendenz kann im Rahmen von psychologischen Tests oder anamnestischen Befragungen zu systematischen Fehlern führen.
Soziale Mobilität	→ Mobilität, soziale
Soziales Kapital	Ein Maß für soziales Vertrauen in einer Gesellschaft
Soziales Netzwerk	Informationeller, emotionaler und finanzieller Rückhalt durch das soziale Umfeld
Sozioökonomischer Status	→ Meritokratische Triade
Soziotherapie	Für Patienten mit schwerer psychischer Erkrankung, die nicht in der Lage sind, ärztliche Leistungen oder Verordnungen selbstständig in Anspruch zu nehmen. Aufgabe der Soziotherapie ist die erforderliche Koordinierung der verordneten Leistungen sowie Anleitung und Motivation dazu.
Spezifität	Anteil der richtig Negativen an allen Test-Negativen.
Split-Brain	Patienten, bei denen chirurgisch das Corpus callosum durchtrennt wurde.
Splithalf-Methode	Ein Test wird in zwei Hälften geteilt; deren Korrelation kann als Maß für die Reliabilität herangezogen werden.
Sprachcode	Ausdrucksweise eines Menschen - restringiert: Einfache Ausdrucksweise, simple Grammatik, kleiner Wortschatz, keine Fremdwörter. Laut IMPP typisch für Unterschicht - elaboriert: gehobene Ausdrucksweise, komplexe Grammatik, großer Wortschatz, viele Fremdwörter. Laut IMPP typisch für Oberschicht
State	Vorübergehender und situationsabhängiger Zustand (vs. Trait = stabiler Persönlichkeitsbestandteil, → Trait)
Status, zugeschrieben vs. erworben	– Zugeschriebener Status: Geschlecht, Ethnie, soziale Herkunft. – Erworbener Status: im Laufe des Lebens selbst erworben (z. B. Bildung, Beruf)
Statusinkonsistenz	Statusmerkmale passen nicht zueinander, die → Meritokratische Triade lässt sich nicht bestimmen (z. B. Hochschulabsolvent muss Taxi fahren, um zu überleben).

Begriff	Erklärung
Statuskonsistenz/ Statuskristallisation	Statusmerkmale passen zueinander (z. B. Arzt erfolgreich mit eigener Praxis)
Stereotyp	Gruppenkonform verfestigte kognitive Haltung über eine Person oder die eigene Gruppe (Autostereotyp) bzw. fremde Gruppen (Heterostereotyp)
Stigmatisierung, soziale	Zuschreibung eines diskreditierenden (abwertenden) Merkmals, verbunden mit sozialer Ausgrenzung
Stimulus	→ SORKC-Schema
Stimuluskontrolle	Verhaltenstherapeutische Intervention, die problematische Stimuli vermeidet (Raucher werfen Zigaretten weg, Alkoholiker entfernen alkoholische Getränke aus ihrer Wohnung).
Stoizismus, Fatalismus	Ergebenheit in sein Schicksal, sich seiner Krankheit fügen. Form der Krankheitsbewältigung.
Störvariable	→ Konfundierung
Stressmodell, kognitives (Lazarus)	Kognitives Stress-Copingmodell mit drei Stufen, in denen Stress-Situationen kognitiv bewertet werden: 1. Primär: Ist die Situation angenehm, unangenehm? 2. Sekundär: Welche Bewältigungsmöglichkeiten gibt es? Was kann ich tun? 3. Tertiär: Neubewertung!
Stress-Puffer-Modell	Soziale Faktoren, die Belastungen mildern (puffern) (→ soziales Netzwerk, → Haupteffektthese, → Direkteffektthese)
Strukturqualität	Qualität der technischen Ausstattung, Qualifikation der in der Einrichtung tätigen Berufsgruppen.
Studien	– Fall-Kontroll-Studie (Merkmalszwillinge in einer retrospektiven Kohortenstudie) – Interventionsstudie (Prä- und Posterhebung, → Experiment), – ökologische Studie (Aggregatdaten) – prospektive Kohortenstudie (Längsschnittstudie) – randomisierte kontrollierte Studie (geeignet zum Nachweis kausaler Zusammenhänge) – katamnestische Studie (Nacherhebung) – Querschnittsstudie (ein Messzeitpunkt) – Längsschnittstudie (mehrere Messzeitpunkte) – Epidemiologische Studie (Untersuchungsgegenstand: Krankheitshäufigkeiten) – Multizentrische Studie (an mehreren Orten) – Multivariate Studie (mehrere unabhängige Variablen)
Sublimierung	Abwehrmechanismus in der Psychoanalyse: Unerwünschte Triebimpulse werden durch sozial anerkannte Verhaltensweise befriedigt. Unerwünschte Gedanken werden in Bildern ausgedrückt. Nach Sigmund Freud ist die Fähigkeit zur Sublimierung unerlaubter Triebe die Voraussetzung kultureller Leistungen.

Substanzmittelabhängigkeit – Transtheoretisches Modell

Begriff	Erklärung
Substanzmittelabhängigkeit	Diagnosekriterien nach ICD-10: – Entzugssymptome – fortgesetzter Konsum trotz Wissen um körperliche oder psychische Schäden – Konsum größerer Mengen als beabsichtigt – Toleranzentwicklung
Systematische Desensibilisierung	Zum Abbau einer gelernten Angstreaktion wird bei einem Patienten stufenweise eine Hierarchie angstauslösender Reize abgearbeitet. Hierzu wird er entspannt und der Reihe nach mit den zuvor in eine Hierarchie gestellten angstauslösenden Situationen in der Vorstellung (in sensu) konfrontiert. Da Angst und Entspannung nicht gleichzeitig empfunden werden können (reziproke Hemmung nach Wolpe), verbleibt der Patient so lange gedanklich in der Situation, bis diese Situation angstfrei erlebt werden kann, und versetzt sich dann gedanklich in die nächst höhere angstauslösende Situation.
Tertiarisierung	Ausweitung des tertiären Sektors = Dienstleistungssektor, da sich dieser Sektor kaum technisieren lässt (→ Fourastié-Hypothese).
Testgütekriterien	→ Objektivität = Auswerterunabhängigkeit → Reliabilität = Genauigkeit → Validität = Gültigkeit (zuvor Genanntes ist Voraussetzung für später Genanntes)
Therapeutische Norm	→ Normen
Tiefschlaf	Schlafstadium 4, vorwiegend Deltawellen
Time-out (Auszeit)	Soziale Isolierung bei unerwünschten Verhaltensweisen, um diese zu bestrafen. Beispiel: Ein Schüler wird aus dem Raum geschickt, wenn er stört.
Tokens	Kleine Belohnungen, werden in der Verhaltenstherapie als Verstärker (→ Verstärkung) eingesetzt.
Trait	Feste, über viele Situationen stabile Verhaltenstendenz (vs. → State).
Transaktionales Stressmodell (Lazarus)	→ Stressmodell, kognitives
Transfereinkommen	gesetzlich geregeltes Einkommen, das bei fehlender Erwerbstätigkeit aus öffentlichen Mitteln gewährt wird (Harz IV)
Transtheoretisches Modell der Verhaltensänderung (Prochaska und DiClemente)	Stufen-Modell, welches Verhaltensänderungsprozesse beschreibt. Dabei verläuft eine Verhaltensänderung (z. B. Ernährungsumstellung) in folgenden Phasen: 1. Absichtslosigkeit (Precontemplation) 2. Absichtsbildung (Contemplation) 3. Vorbereitung (Preparation) 4. Handlung (Action) 5. Aufrechterhaltung (Maintenance) 6. Stabilisierung (Termination)

Begriff	Erklärung
Trauer	→ Trauerphasen
Trauerphasen (Kübler-Ross)	1. Nicht-Wahrhaben-Wollen 2. Zorn 3. Verhandeln 4. Depression 5. Akzeptanz
Traumdeutung	Methode der tiefenpsychologisch fundierten Psychotherapie, in dem der Patient seine Träume erzählt. Die Traumdeutung ist der „Königsweg ins Unterbewusstsein".
Trennschärfe	Wie hoch korreliert die Beantwortung eines Items mit dem Gesamtergebnis aller Antworten?
Übereinstimmungsvalidität	→ Validität, konvergente
Übertragung	Frühere, lebensgeschichtlich bedeutsame Erfahrungen; Konflikte oder Beziehungsmuster werden in einer aktuellen Beziehung reaktiviert. Beispiel: Patient überträgt Beziehungsmuster zum Vater auf den Arzt.
Unabhängige Variable	→ Variable, unabhängige vs. abhängige
Unkonditionierte/r Reiz/Reaktion	→ klassisches Konditionieren
Validität, interne	Die Sicherheit des Kausalschlusses, mit welcher Änderungen im Ergebniskriterium (Zielgröße) auf die Behandlungsmaßnahme zurückgeführt werden können. Interne Validität ist bei Labor-Experimenten hoch.
Validität, konvergente	Testgütekriterium: Liegt vor, wenn zwei unterschiedliche Testverfahren, die dasselbe Merkmal erfassen, zu ähnlichen Ergebnissen kommen.
Variable, Mediatorvariable	→ Mediatorvariable
Variable, Moderatorvariable	→ Moderatorvariable
Variable, unabhängige vs. abhängige	– Unabhängige Variable: Die Variable, die vom Experimentator planmäßig manipuliert wird. – Abhängige Variable: Variable, die gemessen wird.
Verantwortungsethik	Verpflichtung des Arztes, den Patienten nach bestem Wissen und Gewissen zu behandeln und ihm nach Möglichkeit keinen Schaden zuzufügen.
Verhaltensanalyse	→ SORKC-Schema
Verhaltenskontingenz	Beziehung zwischen Verhalten und der nachfolgenden Konsequenz
Verhaltensprävention	Förderung von gesundem Verhalten (fettarme Ernährung)
Verhaltenstherapie	Psychotherapierichtung mit dem Ziel, gewünschtes Verhalten aufzubauen und unerwünschtes Verhalten zu reduzieren. Bestandteile der Verhaltenstherapie: → Konfrontationstherapie, → systematische Desensibilisierung, → SORKC-Schema, → operante Strategien, → Kognitive Verhaltenstherapie.
Verhältnisprävention	Förderung von gesunden Verhältnissen (Rauchverbot in öffentlichen Gebäuden)

Begriff	Erklärung
Verleugnung	Abwehrmechanismus, der dazu dient, eine unerträglich erscheinende externe Realität nicht wahrnehmen zu müssen.
Vermeidungsverhalten	Angstauslösende Situationen werden vermieden (Weglaufen vor einem Hund bei Hundephobie). Die Angst lässt nach, das Vermeidungsverhalten wird (negativ) verstärkt und damit verfestigt.
Verstärkung vs. Bestrafung	– Verstärkung (= Belohnung) führt immer zu einer Erhöhung der Auftretenswahrscheinlichkeit einer Verhaltensweise. – Bestrafung senkt die Auftretenswahrscheinlichkeit einer Verhaltensweise.
Verstärkung, kontinuierlich vs. intermittierend	– Kontinuierliche Verstärkung: Jede Verhaltensweise wird belohnt. – Intermittierende Verstärkung: Es wird nicht jedes Mal verstärkt, sondern nur jedes vierte Mal (Quotenverstärkung) oder nach Ablauf einer bestimmten Zeit (Intervallverstärkung); wesentlich löschungsresistenter.
Verstärkung, positiv vs. negativ	Verstärkung ist immer eine Belohnung! – Positive Verstärkung: Es wird etwas Angenehmes (z. B. Schokolade) gegeben. – Negative Verstärkung: Es wird etwas Unangenehmes (z. B. Schmerzen) weggenommen.
Vulnerabilitäts-Stress-Modell	→ Diathese-Stress-Modell
Widerstand	Psychoanalyse: Patient wehrt sich unbewusst gegen therapeutische Intervention.
Wirtschaftssektoren	Drei Wirtschaftssektoren: 1. Primär = Landwirtschaft 2. Sekundär = Industrie 3. Tertiär = Dienstleistungen (→ Tertiarisierung, → Fourastié-Hypothese)
Wisconsin Card Sorting Test (WCST)	Standardverfahren in der neuropsychologischen Diagnostik zu Erfassung frontaler Läsionen
Yerkes-Dodson-Regel	Leistungsfähigkeit hängt von der physiologischen Erregung ab: – Niedrige Erregung führt zu niedriger Leistung. – Mittlere Erregung ermöglicht maximale Leistung. – Hohe Erregung blockiert Leistung, also macht wiederum niedrige Leistung. Es besteht also eine umgekehrt U-förmige Beziehung zwischen Erregung und Leistung.
Zivilisierung	„Bändigung" willkürlicher, spontaner Verhaltens- und Affektäußerungen im Dienste der Ausbreitung von Selbstkontrolle
Zwanghafte Persönlichkeitsstörung	Perfektionismus, übertriebene Gewissenhaftigkeit, Halsstarrigkeit (→ analer Charakter)
Zwangsstörung	Psychische Störung, verbunden mit Zwangshandlung oder Zwangsgedanken zur Reduzierung von Ängsten. Durch Zwangshandlung wird das zwanghafte Verhalten negativ verstärkt.

Feedback

Deine Meinung ist gefragt!

Es ist erstaunlich, was das menschliche Gehirn an Informationen erfassen kann. Slbest wnen kilene Fleher in eenim Txet entlheatn snid, so knnsat du die eigneltchie Iofnrmotian deoncnh vershteen – so wie in dsieem Text heir.

Wir heabn die Srkitpe mecrfhah sehr sogrtfältg güpreft, aber vilcheliet hat auch uesnr Girehn – so wie deenis grdaee – unbeswust Fheler übresehne. Um in der Zuuknft noch bsseer zu wrdeen, bttein wir dich dhear um deine Mtiilhfe.

Sag uns, was dir aufgefallen ist, ob wir Stolpersteine übersehen haben oder ggf. Formulierungen verbessern sollten. Darüber hinaus freuen wir uns natürlich auch über positive Rückmeldungen aus der Leserschaft.

Deine Mithilfe ist für uns sehr wertvoll und wir möchten dein Engagement belohnen: Unter allen Rückmeldungen verlosen wir einmal im Semester Fachbücher im Wert von 250 Euro. Die Gewinner werden auf der Webseite von MEDI-LEARN unter www.medi-learn.de bekannt gegeben.

Schick deine Rückmeldung einfach per E-Mail an support@medi-learn.de oder trag sie im Internet in ein spezielles Formular für Rückmeldungen ein, das du unter der folgenden Adresse findest:

www.medi-learn.de/rueckmeldungen

FÜR iPHONE UND ANDROID

WWW.MEDI-LEARN.DE/SKR-IPHYSIKUM

MOBIL EXAMENSFRAGEN KREUZEN

iPHYSIKUM

MEDI-LEARN